VENTE

DE

QUATORZE TAPISSERIES ANCIENNES

Des Flandres et d'Aubusson

DES XVIIe OU XVIIIe SIÈCLES

Appartenant à Monsieur X...

PARIS — MAI 1909

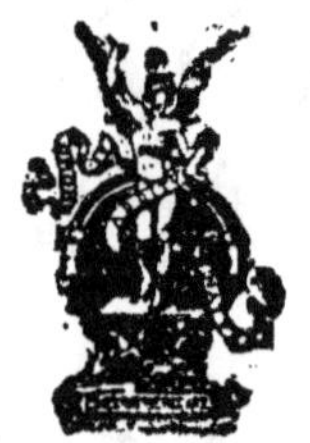

CATALOGUE

DES

QUATORZE TAPISSERIES ANCIENNES

Des Flandres et d'Aubusson

DES XVIIe OU XVIIIe SIÈCLES

Appartenant à Monsieur X...

ET DONT LA VENTE AUX ENCHÈRES PUBLIQUES AURA LIEU

HOTEL DROUOT, SALLE N° 1

Le Samedi 29 Mai 1909, à 3 heures 1/2

COMMISSAIRE-PRISEUR	EXPERTS
Me HENRI GABRIEL	MM. PAULME & B. LASQUIN Fils
44, rue de Londres	10, rue Chauchat | 12, rue Laffitte

PARIS

Chez lesquels se distribue le présent Catalogue

EXPOSITION PUBLIQUE

Le Vendredi 28 Mai 1909, de 2 heures à 6 heures
Et, avant la Vente, de 2 heures à 3 h. 1/2

CONDITIONS DE LA VENTE

Elle sera faite au comptant.

Les adjudicataires paieront *dix pour cent* en sus des enchères.

L'exposition mettant le public à même de se rendre compte de l'état et de la nature des objets, aucune réclamation, *sous aucun prétexte*, ne sera admise une fois l'adjudication prononcée.

Paris. — Imp. de l'Art, Ch. Berger, 41, rue de la Victoire.

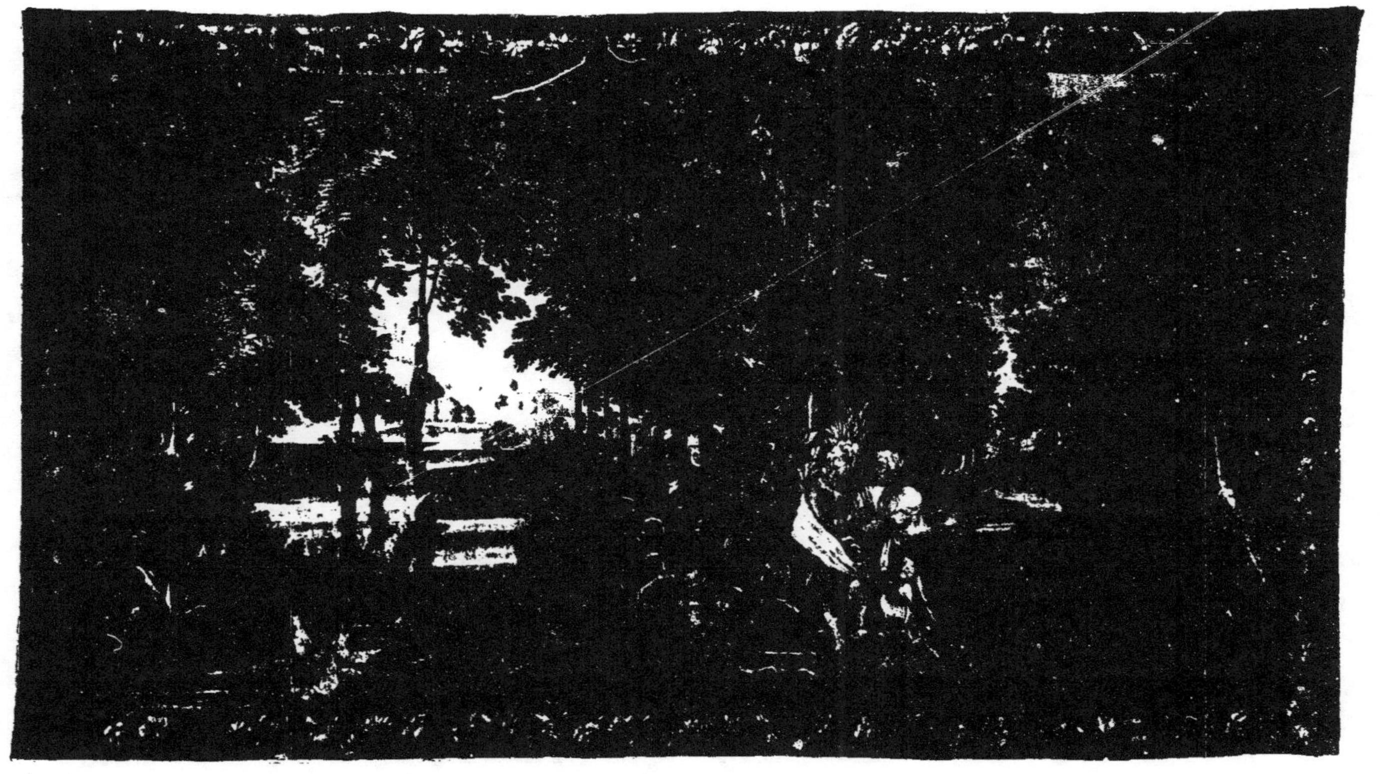

Nᵒ 8

DÉSIGNATION

1 — Tapisserie d'Aubusson, avec bosquet à caria-
tides, portiques, pièce d'eau avec canards
effrayés par un chien, fond de collines avec
château. Encadrement de bordures, arabes-
ques, rinceaux, fleurs, fruits et dauphins. Époque Louis XIV.

Haut., 2 m. 80 cent.; larg., 3 m. 85 cent.

2 — Tapisserie-verdure d'Aubusson : parc avec
deux oiseaux, fond de château. Bordures à rinceaux, chutes de fleurs et fruits. Époque
Louis XIV.

Haut., 2 m. 50 cent.; larg., 2 m. 80 cent.

3 — Grande tapisserie-verdure d'Aubusson, avec
grands oiseaux aquatiques, cours d'eau, fond
de château et paysage montagneux. Bordures
d'encadrement à rinceaux, feuillages et fleurs
sur fond noir. Époque Louis XIV.

Haut., 2 m. 80 cent.; larg., 4 m. 48 cent.

4 — Tapisserie-verdure d'Aubusson, avec oiseaux au centre, château dans le fond. Bordures d'encadrement à festons de fleurs. Époque Louis XIV.

> Haut., 2 m. 60 cent.; larg., 2 m. 30 cent.

5 — Portière faite de deux fragments en ancienne tapisserie-verdure d'Aubusson. Encadrements de bordures, fleurs et fruits. Époque Louis XIV.

> Haut., 2 m. 70 cent.; larg., 1 m. 4 cent.

6 — Portière en tapisserie d'Aubusson à sujet d'oiseaux et renard, fond de château. Bordures d'encadrement à lambrequins, corbeilles fleuries sur fond noir. Époque Louis XIV.

> Haut., 2 m. 30 cent.; larg., 1 m. 30 cent

7-8 — Suite de deux tapisseries flamandes verdures, à sujets mythologiques: cours d'eau, avec canards et grand oiseau. Encadrement de bordures à festons de fleurs. Époque Louis XIV.

> Haut., 2 m. 70 cent.; larg., 1 m. 95 cent.
> Haut., 2 m. 80 cent.; larg., 4 m. 60 cent.

9-10 — Suite de deux tapisseries fines, rectangulaires, des Flandres, avec paysage montagneux, torrent, chute d'eau, châteaux, éclaircie et lointain. Encadrement de bordures à rinceaux, feuillages, avec médaillons, aux quatre angles chiffres entrelacés. Époque Louis XIV.

> Haut., 3 mètres; larg., 3 m. 4 cent.
> Haut., 3 mètres; larg., 3 m. 80 cent

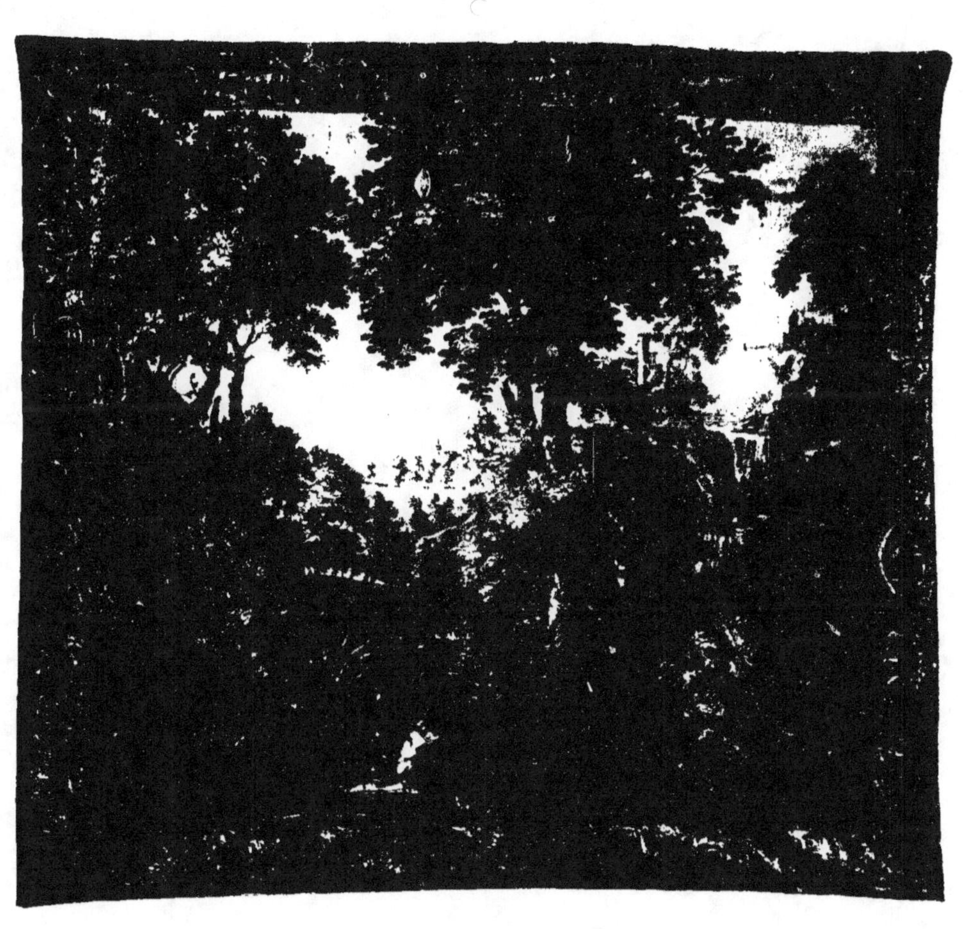

5

11 — Grande tapisserie des Flandres, verdure, à paysage boisé, éclaircie et lointain. Larges bordures d'encadrement, avec cartels aux angles et aux milieux, bouquets de fruits et fleurs sur fond noir. xviie siècle.

Haut., 3 m. 30 cent ; larg., 4 m. 4 cent.

12 — Tapisserie-verdure des Flandres, avec grand oiseau, habitation dans le fond. Bordures haut et bas, rinceaux de feuillages et fleurs sur fond noir. Époque Louis XIV.

Haut., 2 m. 60 cent.; larg., 1 m. 60 cent.

13 — Tapisserie-verdure des Flandres : paysages boisé avec oiseaux, cours d'eau, canard, chien et château. Bordures, à vases de fleurs, cartouches, mascarons, oiseaux. Commencement du xviie siècle.

Haut., 3 m. 30 cent.; larg., 2 m. 45 cent.

14 — Tapisserie des Flandres, avec grand personnage : Samson emportant la porte du temple. Encadrement de bordures à festons et bouquets de fleurs. Époque Louis XIV.

Haut., 2 m. 90 cent.; larg., 1 m. 73 cent.